1,000
German Words

die Krake
octopus

Berlitz Kids™
Berlitz Publishing Company, Inc.

Princeton   Mexico City   Dublin
Eschborn   Singapore

Table of Contents

Die Familie
The family

der Onkel
uncle

der Papa
dad

die Mama
mom

die Tante
aunt

lächeln
to smile

die Kamera
camera

das Baby
baby

der Großvater
grandpa

die Großmutter
grandma

der Sohn
son

die Tochter
daughter

der Hund
dog

4

der Mann
man

die Frau
woman

die Halskette
necklace

das Armband
bracelet

der Ehemann
husband

die Ehefrau
wife

der Bart
beard

umarmen
to hug

der Ring
ring

die Armbanduhr
watch

die Schwester
sister

der Bruder
brother

das Hündchen
puppy

das Kätzchen
kitten

der Junge
boy

das Mädchen
girl

5

In der Küche
In the kitchen

das Geschirr
dishes

der Schrank
cupboard

das Telefon
telephone

der Ofen
oven

der Mikrowellenherd
microwave oven

braten
to roast

backen
to bake

die Schürze
apron

das Geschirr abwaschen
to wash the dishes

die Milch
milk

vermischen
to mix

die Schüssel
bowl

verschütten
to spill

der Zucker
sugar

der Messbecher
measuring cup

das Mehl
flour

der Honig
honey

der Topf
pot

die Bratpfanne
frying pan

verbrannt
burnt

der Toaster
toaster

das Toastbrot
toast

der Keks
cookie

das Gefrierfach
freezer

kochen
to cook

riechen
to smell

der Käse
cheese

kochen
to boil

der Orangensaft
orange juice

das Ei
egg

das Essen
food

der Herd
stove

die Butter
butter

der Kühlschrank
refrigerator

Im Wohnzimmer
In the living room

das Bild
picture

die Tür
door

die Fotografie
photograph

die Kopfhörer
headphones

der CD-Player
CD player

singen
to sing

das Klavier
piano

der Kassettenrecorder
tape player

spielen
to play

die Kassette
cassette tape

die Compact Disk
compact disk

die Vase
vase

der Vorhang
curtain

der Vogelkäfig
birdcage

die Katze
cat

die Pflanze
plant

der Fernseher
television

das Bücherregal
book shelf

der Videorecorder
VCR

der Couchtisch
coffee table

die Zeitung
newspaper

die Lampe
lamp

die Couch
couch

der Sessel
chair

die Zeitschrift
magazine

der Teppich
carpet

9

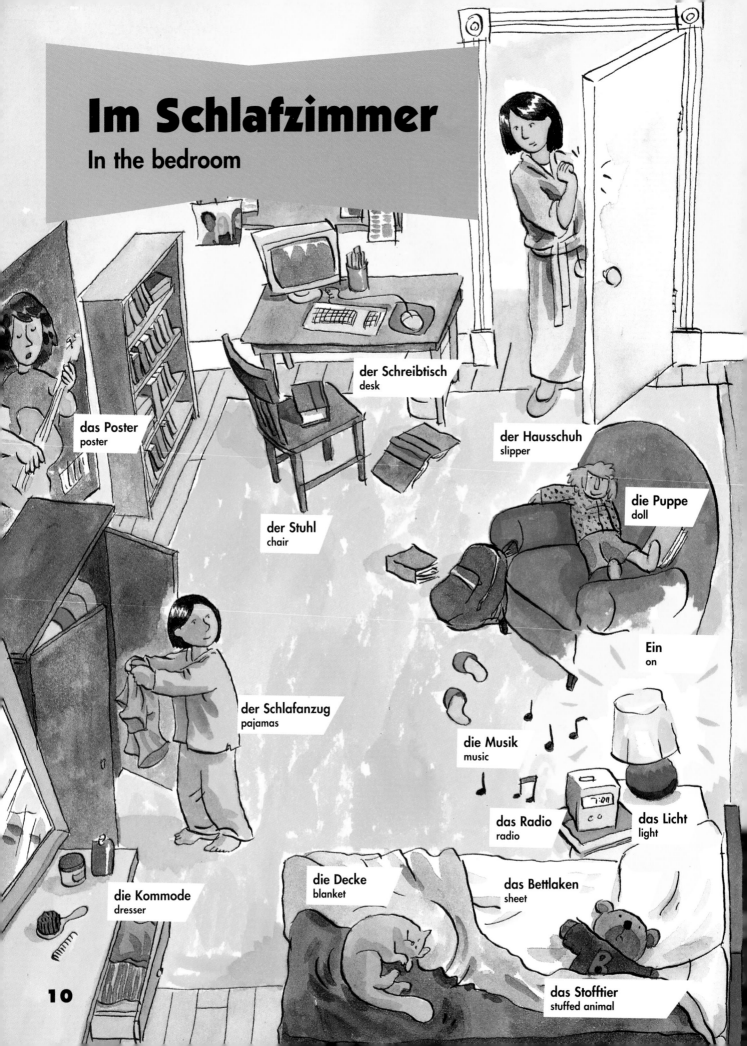

Im Schlafzimmer
In the bedroom

der Schreibtisch
desk

der Hausschuh
slipper

die Puppe
doll

das Poster
poster

der Stuhl
chair

Ein
on

der Schlafanzug
pajamas

die Musik
music

das Radio
radio

das Licht
light

die Kommode
dresser

die Decke
blanket

das Bettlaken
sheet

das Stofftier
stuffed animal

10

die Wand
wall

der Lichtschalter
light switch

der Kleiderbügel
clothes hanger

das Fenster
window

der Schrank
closet

das Comicheft
comic book

Aus
off

das Spielzeug
toys

die Socke
sock

der Wecker
alarm clock

die Schublade
drawer

schlafen
to sleep

das Bett
bed

das Kissen
pillow

11

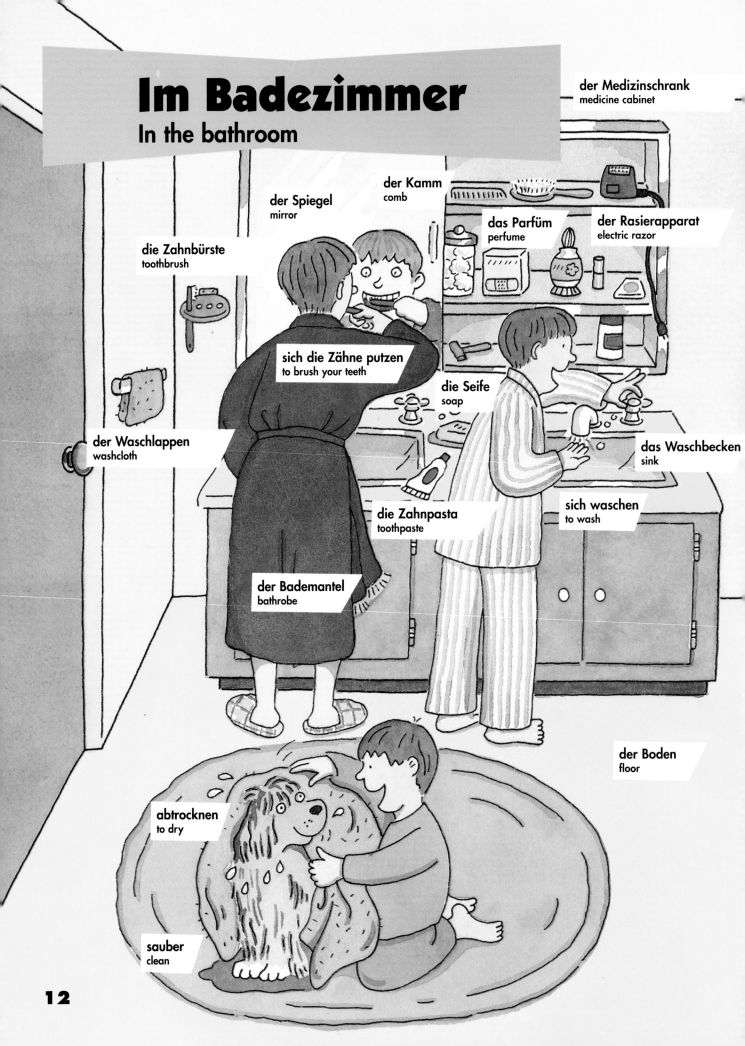

Im Badezimmer
In the bathroom

der Medizinschrank
medicine cabinet

der Kamm
comb

der Spiegel
mirror

das Parfüm
perfume

der Rasierapparat
electric razor

die Zahnbürste
toothbrush

sich die Zähne putzen
to brush your teeth

die Seife
soap

der Waschlappen
washcloth

das Waschbecken
sink

die Zahnpasta
toothpaste

sich waschen
to wash

der Bademantel
bathrobe

der Boden
floor

abtrocknen
to dry

sauber
clean

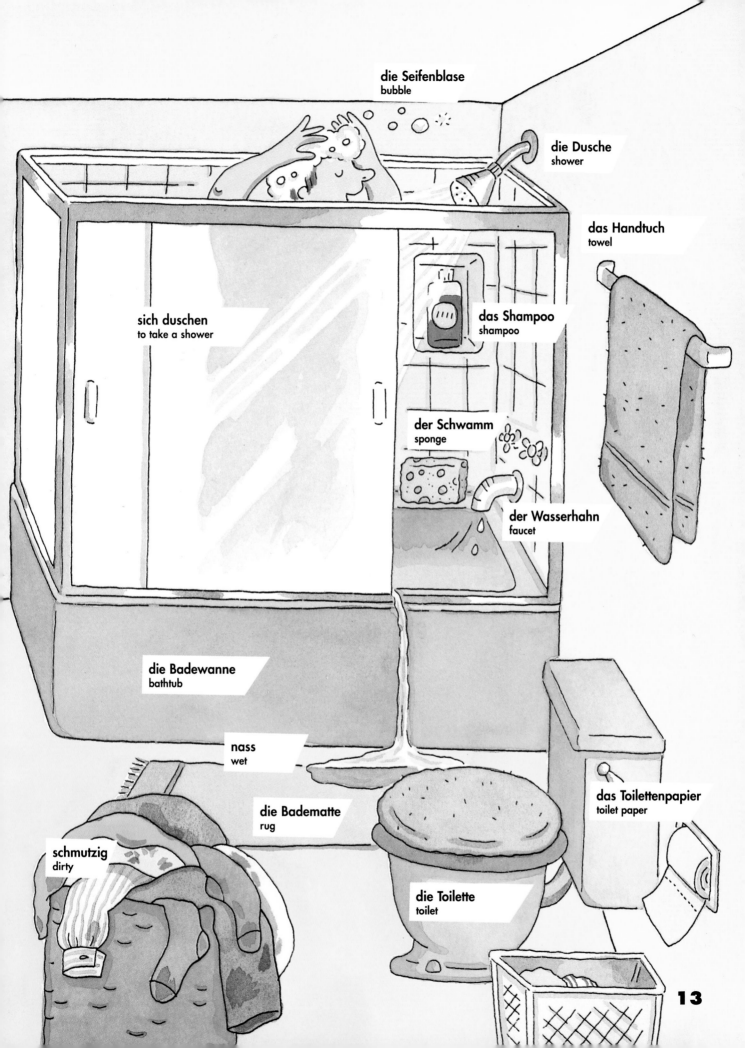

die Seifenblase
bubble

die Dusche
shower

das Handtuch
towel

das Shampoo
shampoo

sich duschen
to take a shower

der Schwamm
sponge

der Wasserhahn
faucet

die Badewanne
bathtub

nass
wet

die Bademanne
bathtub

die Toilettenpapier
toilet paper

die Bademmatte
rug

schmutzig
dirty

die Toilette
toilet

13

In der Werkstatt
In the workshop

das Schloss
lock

der Rechen
rake

der Bohrer
drill

das Loch
hole

die Schraube
screw

die Treppe
stairs

der Blumentopf
flowerpot

das Rad
wheel

reparieren
to repair

das Fahrrad
bicycle

die Zange
pliers

das Vorhängeschloss
padlock

der Schlüssel
key

der Werkzeugkasten
toolbox

14

15

Die Geburtstagsparty
The Birthday party

geben
to give

tanzen
to dance

das Spiel
game

der Ballon
balloon

die Würfel
dice

das Messer
knife

der Teller
plate

das Bonbon
candy

der Löffel
spoon

die Gabel
fork

die Videokamera
video camera

die Kerze
candle

blasen
to blow

der Kuchen
cake

die Schleife
bow

das Geschenk
present

die Geburtstagskarte
birthday card

das Lächeln
smile

öffnen
to open

das Band
ribbon

auspacken
to unwrap

das Geschenkpapier
wrapping paper

17

Im Einkaufszentrum
At the shopping center

rechts
right

verkaufen
to sell

links
left

der Turnschuh
sneaker

das Kleingeld
change

der Schuh
shoe

den Reißverschluss zuziehen
to zip up

das Geld
money

kaufen
to buy

die Bluse
blouse

das Kleid
dress

die Handtasche
purse

der Preis
price

der Rock
skirt

18

die Krawatte
tie

der Hut
hat

die Brieftasche
wallet

die Brille
glasses

der Anzug
suit

der Gürtel
belt

die Hosentasche
pocket

die Jeans
jeans

hinauf
up

anprobieren
to try on

die Hose
pants

das T-Shirt
T-shirt

hinunter
down

die Verkäuferin
store clerk

das Sonderangebot
bargain

der Kunde
customer

die Shorts
shorts

das Hemd
shirt

19

Im Supermarkt
At the supermarket

die Zwiebel
onion

der Kopfsalat
lettuce

die Wassermelone
watermelon

die Tomate
tomato

der Kohl
cabbage

die Birne
pear

die Zitrone
lemon

die Pflaume
plum

der Blumenkohl
cauliflower

die Orange
orange

der Brokkoli
broccoli

der Knoblauch
garlic

der Apfel
apple

die Banane
banana

der Sellerie
celery

die grüne Paprika
green pepper

die Traube
grape

die Ananas
pineapple

die Kirsche
cherry

die Karotte
carrot

das Gemüse
vegetable

das Obst
fruit

zahlen
to pay

der Fisch
fish

das Fleisch
meat

der Joghurt
yogurt

die Bohne
bean

das Regal
shelf

der Gang
aisle

das Müsli
cereal

der Reis
rice

der Einkaufswagen
shopping cart

die Einkaufstüte
bag

21

Im Restaurant
In the restaurant

das Brot
bread

stolpern
to trip

die Spaghetti
spaghetti

das Hühnchen
chicken

hungrig sein
to be hungry

die Flasche
bottle

das Abendessen
dinner

der Tisch
table

die Kellnerin
waitress

der Kräcker
cracker

heiß
hot

trinken
to drink

der Salat
salad

das Glas
glass

die Serviette
napkin

die Suppe
soup

das Wasser
water

das Tischtuch
tablecloth

der Kaffee
coffee

die Nachspeise
dessert

teilen
to share

gießen
to pour

die Speisekarte
menu

die Tasse
cup

der Kellner
waiter

der Pfeffer
pepper

essen
to eat

stellen
to put

schneiden
to cut

das Salz
salt

die Pizza
pizza

23

Im Klassenzimmer
In the classroom

das Schwarze Brett
bulletin board

der Klebstoff
glue

das Buch
book

der Computer
computer

der Wachsmalstift
crayon

der Kalender
calendar

der Stift
pen

das Lexikon
dictionary

lesen
to read

der Lehrer
teacher

die Zahl
number

die Hausaufgabe
homework

der Schüler
student

die Schülerin
student

25

Im Zoo
At the zoo

leicht
light

schwer
heavy

das Nilpferd
hippopotamus

das Krokodil
crocodile

der Elefant
elephant

der Alligator
alligator

der Führer
guide

stark
strong

der Gorilla
gorilla

hängen
to hang

greifen
to reach

kratzen
to scratch

klettern
to climb

die Affen
monkeys

der Schimpanse
chimpanzee

der Eisbär
polar bear

der Leopard
leopard

der Bär
bear

der Zoowärter
zoo keeper

das Nashorn
rhinoceros

der Schwanz
tail

der Tiger
tiger

das Horn
horn

fotografieren
to take photos

das Zebra
zebra

brüllen
to roar

die Gazelle
gazelle

die Giraffe
giraffe

der Löwe
lion

das Tier
animal

die Löwin
lioness

das Junge
cub

der Strauß
ostrich

27

Im Park
In the park

der Picknickkorb
picnic basket

Verstecken spielen
to play hide and seek

die Ameise
ant

die Kartoffelchips
potato chips

die Limonade
lemonade

das Eichhörnchen
squirrel

das Picknick
picnic

das Sandwich
sandwich

der Picknicktisch
picnic table

das Vogelhäuschen
birdhouse

die Nuss
nut

niesen
to sneeze

der Strauch
bush

der Weg
path

die Rollschuhe
roller skates

28

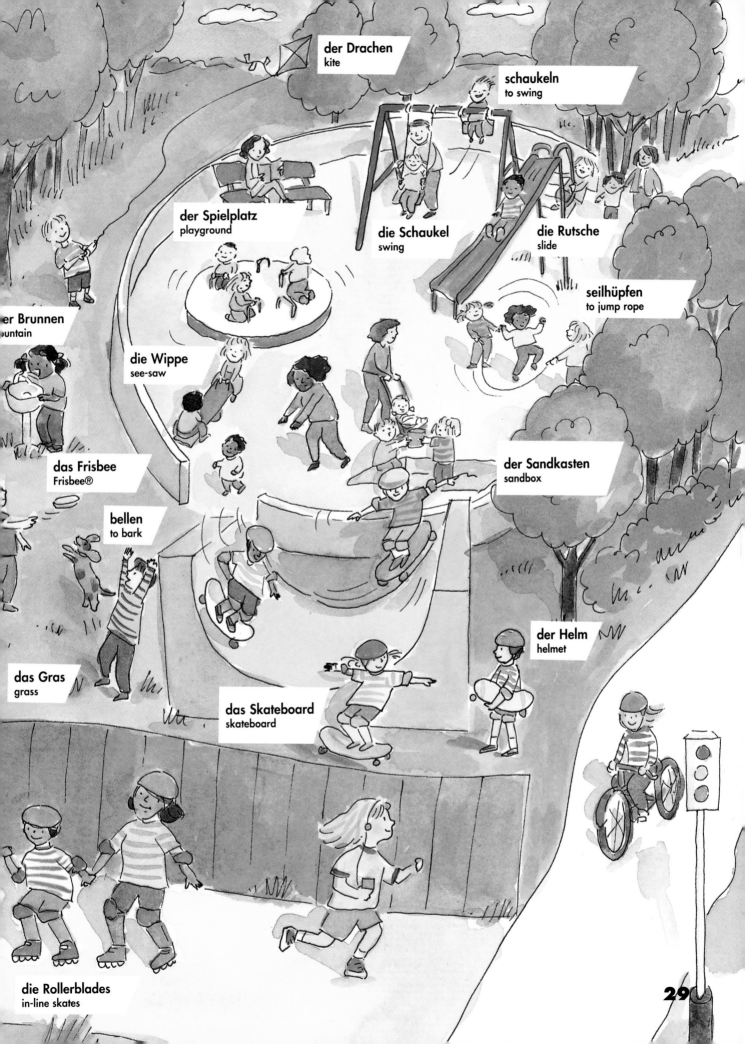

der Drachen
kite

schaukeln
to swing

der Spielplatz
playground

die Schaukel
swing

die Rutsche
slide

seilhüpfen
to jump rope

er Brunnen
ountain

die Wippe
see-saw

das Frisbee
Frisbee®

der Sandkasten
sandbox

bellen
to bark

der Helm
helmet

das Gras
grass

das Skateboard
skateboard

die Rollerblades
in-line skates

29

Im Vergnügungspark
At the amusement park

der Zirkus
circus

die Achterbahn
roller coaster

der Clown
clown

der Zauberer
magician

schwindelig
dizzy

der Geist
ghost

der Liebestunnel
tunnel of love

das Herz
heart

das Monster
monster

die Geisterbahn
haunted house

das Konzert
concert

die Sängerin
singer

die Lautsprecher
loudspeakers

hoch
high

das Riesenrad
Ferris wheel

das Mikrofon
microphone

der Bogen
bow

die Zielscheibe
target

niedrig
low

der Pfeil
arrow

die Puppe
puppet

das Karussell
carousel

die Zuckerwatte
cotton candy

die Eintrittskarte
ticket

die Schlange
line

31

Im Krankenhaus
In the hospital

das Medikament
medicine

der Arzt
doctor

die Krankenschwester
nurse

der Rollstuhl
wheelchair

der Rettungswagen
ambulance

der Aufzug
elevator

der Gips
cast

die Bahre
stretcher

der Verband
bandage

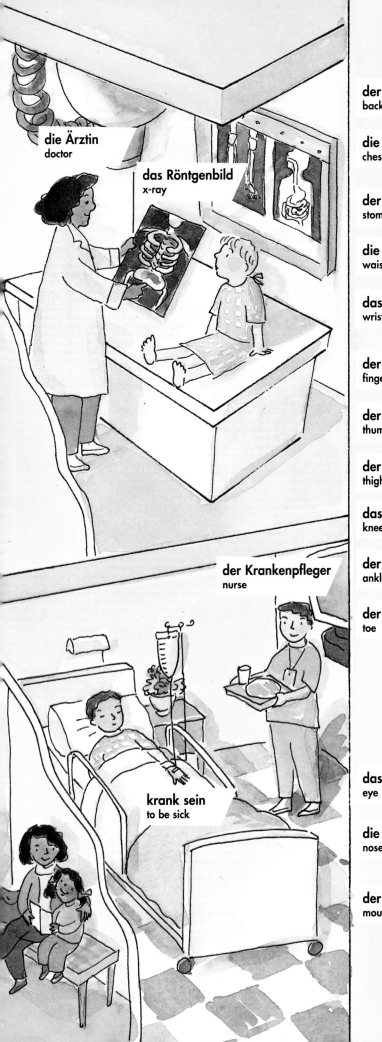

die Ärztin
doctor

das Röntgenbild
x-ray

der Krankenpfleger
nurse

krank sein
to be sick

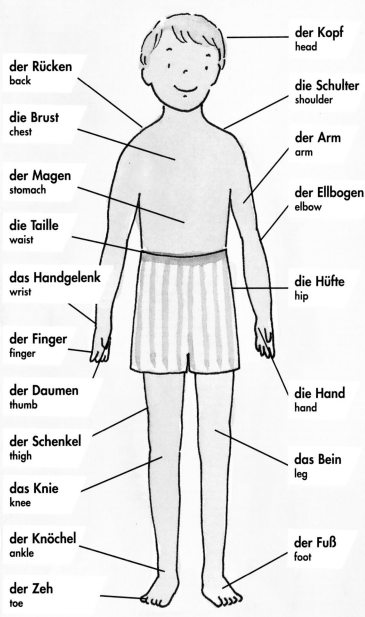

der Kopf
head

die Schulter
shoulder

der Arm
arm

der Ellbogen
elbow

die Hüfte
hip

die Hand
hand

das Bein
leg

der Fuß
foot

der Rücken
back

die Brust
chest

der Magen
stomach

die Taille
waist

das Handgelenk
wrist

der Finger
finger

der Daumen
thumb

der Schenkel
thigh

das Knie
knee

der Knöchel
ankle

der Zeh
toe

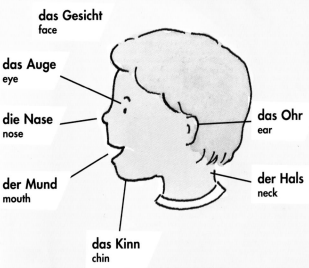

das Gesicht
face

das Auge
eye

die Nase
nose

der Mund
mouth

das Kinn
chin

das Ohr
ear

der Hals
neck

33

Im Museum
At the museum

der Stern
star

die Erde
Earth

der Astronaut
astronaut

die Rakete
rocket

der Mond
moon

weiß
white

der Wärter
guard

braun
brown

der Dinosaurier
dinosaur

das Skelett
skeleton

hellblau
light blue

die Kunst
art

das Gemälde
painting

lila
purple

rosa
pink

schwarz
black

orange
orange

die Tupfen
polka dots

rot
red

die Streifen
stripes

grün
green

dunkelblau
dark blue

grau
gray

die Skulptur
sculpture

gelb
yellow

der Ausgang
exit

die Pyramide
pyramid

die Ausstellung
exhibit

der Eingang
entrance

die Mumie
mummy

Am Strand
At the beach

der Leuchtturm
lighthouse

die Insel
island

das Surfbrett
surfboard

die Welle
wave

der Schnorchel
snorkel

spritzen
to splash

die Tauchermaske
diving mask

die Flossen
fins

schwimmen
to swim

der Ball
ball

die Sonnencreme
suntan lotion

die Wasserpistole
water gun

sich entspannen
to relax

das Getränk
drink

spielen
to play

die Muschel
seashell

die Sandale
sandal

die Sonnenbrille
sunglasses

die Kühlbox
cooler

die Palme
palmtree

das Segelboot
sailboat

die Sonne
sun

die Möwe
seagull

tauchen
to dive

der Fels
rock

die Sandburg
sand castle

der Badeanzug
swimsuit

der Sand
sand

der Eimer
bucket

der Volleyball
volleyball

der Rettungsschwimmer
lifeguard

das Netz
net

37

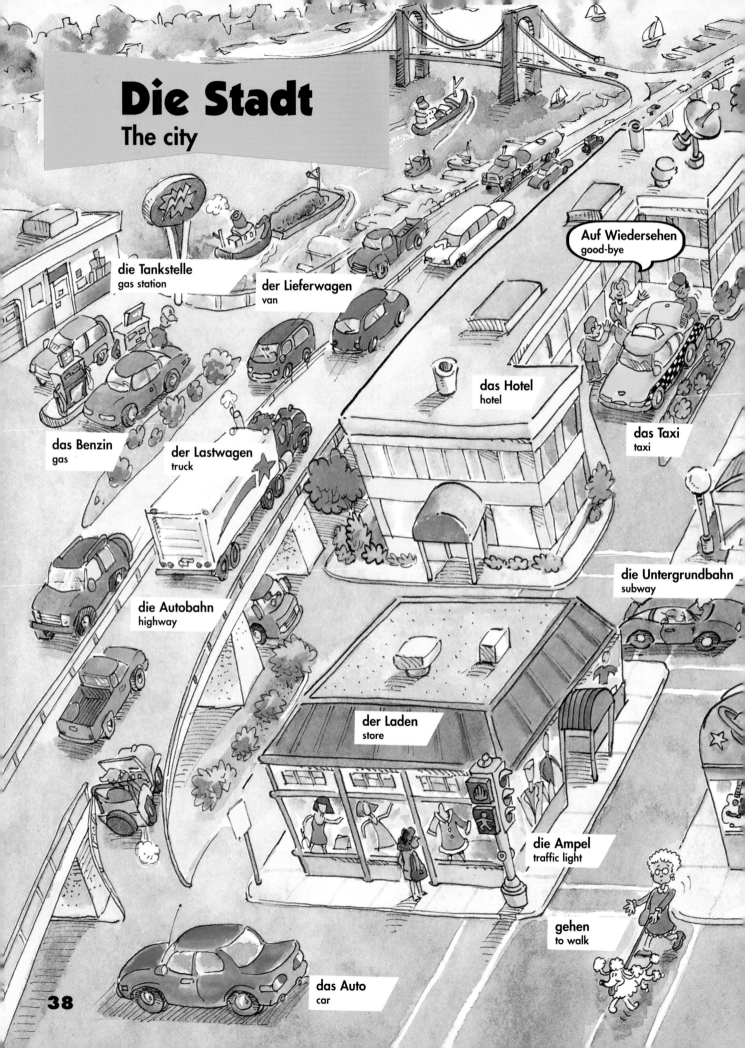

Die Stadt
The city

39

Die Kleinstadt
The town

das Dach
roof

das Haus
house

der Lebensmittelladen
grocery store

der Umzug
parade

der Abfalleimer
garbage can

malen
to paint

der Pinsel
paintbrush

der Maler
painter

der Zahn
tooth

der Zahnarzt
dentist

die Schere
scissors

der Herrenfriseur
barbershop

der Haarschnitt
haircut

der Herrenfriseur
barber

40

Auf dem Lande
The countryside

bewölkt
cloudy

der Blitz
lightning

regnen
to rain

der Sturm
storm

der Regen
rain

die Hütte
cabin

der Wind
wind

das Blatt
leaf

der Regenschirm
umbrella

der Regenmantel
raincoat

der Baum
tree

die Wolke
cloud

der Regenbogen
rainbow

der Berg
mountain

der Tunnel
tunnel

die Brücke
bridge

der Zug
train

der Schmetterling
butterfly

der Hase
rabbit

der Fluss
river

der Fuchs
fox

der Hügel
hill

das Feld
field

der Vogel
bird

die Blume
flower

43

Der Bauernhof
The farm

der Schäfer
shepherd

das Schaf
sheep

das Lamm
lamb

die Ziege
goat

das Fohlen
colt

das Pferd
horse

das Kalb
calf

der Stier
bull

die Kuh
cow

der Zaun
fence

der Frosch
frog

die Ente
duck

der Brunnen
well

der Teich
pond

die Gans
goose

der Stall
stable

das Schwein
pig

der Sattel
saddle

das Heu
hay

reiten
to ride

44

der Bauer
farmer

der Traktor
tractor

die Vogelscheuche
scarecrow

der Weizen
wheat

der Mais
corn

der Garten
garden

die Gärtnerin
gardener

der Schlauch
hose

die Scheune
barn

der Truthahn
turkey

der Hühnerstall
chicken coop

der Hahn
rooster

die Henne
hen

die Maus
mouse

das Fass
barrel

45

Das Camping
Camping

der Adler
eagle

das Stachelschwein
porcupine

das Reh
deer

das Fernglas
binoculars

der Wasserfall
waterfall

das Nest
nest

der Biber
beaver

die Mütze
cap

die Taschenlampe
flashlight

die Landkarte
map

der Wanderstock
walking stick

46

das Zelt
tent

die Schlange
snake

der Schlafsack
sleeping bag

das Stinktier
skunk

der Rauch
smoke

die Streichhölzer
matches

der Waschbär
raccoon

der Grill
grill

das Lagerfeuer
campfire

der Pfad
trail

47

Wintersport
Winter sports

der Pullover
sweater

brechen
to break

fallen
to fall

Ski fahren
to ski

der Schnee
snow

der Schneemann
snowman

die Skibrille
goggles

klatschen
to clap

die Jacke
jacket

die Skier
skis

die Stiefel
boots

die Schaufel
shovel

48

schreien
to shout

der Schlitten
sled

die Handschuhe
gloves

das Snowboard
snowboard

der Schal
scarf

die Fäustlinge
mittens

der Schneeball
snowball

der Mantel
coat

frieren
to be cold

das Eis
ice

das Tor
goal

der Torwart
goalie

Schlittschuh laufen
to ice skate

der Hockey-Schläger
hockey stick

die Schlittschuhe
ice skates

der Hockey-Spieler
hockey player

der Puck
puck

49

Sommersport
Summer sports

der Zuschauer
spectator

der Fußball
soccer

der Fußball-Spieler
soccer player

schießen
to kick

zuspielen
to pass

der Fußball
soccer ball

laufen
to run

der Basketball
basketball

der Tennisschläger
tennis racket

werfen
to shoot

trainieren
to practice

der Korb
basket

der Tennisball
tennis ball

der Basketball-Spieler
basketball player

dribbeln
to dribble

das Tennis
tennis

der Tennisspieler
tennis player

das Sprungbrett
diving board

der Rettungsring
life preserver

das Schwimmbad
swimming pool

der Baseball
baseball

werfen
to throw

fangen
to catch

schlagen
to hit

der Baseball-Schläger
baseball bat

der Baseball-Handschuh
baseball glove

der Trainer
coach

das Base
base

der Baseball-Spieler
baseball player

die Mannschaft
team

51

Der Ozean
The ocean

das Walross
walrus

der Wal
whale

der Seehund
seal

die Qualle
jelly fish

der Tintenfisch
squid

das U-Boot
submarine

die Schildkröte
turtle

der Hai
shark

der Fisch
fish

die Muschel
clam

die Koralle
coral

offen
open

geschlossen
closed

der Seestern
starfish

der Delphin
dolphin

sonnig
sunny

der Fischer
fisherman

fischen
to fish

der Thunfisch
tuna fish

der Wurm
worm

das Seepferdchen
seahorse

der Krebs
crab

tauchen
to scuba dive

der Taucher
scuba diver

der Schwertfisch
swordfish

der Schatz
treasure

die Höhle
cave

glänzend
shiny

der Hummer
lobster

die Krake
octopus

53

Im Märchenwald
In the enchanted forest

der Wald
forest

die Eule
owl

der Besen
broom

der Wolf
wolf

die Hexe
witch

wunderschön
beautiful

gutaussehend
handsome

der Drache
dragon

der Prinz
prince

die Prinzessin
princess

das Schloss
castle

der Schild
shield

der Ritter
knight

das Schwert
sword

die Fee
fairy

das Einhorn
unicorn

der Zauberstab
wand

die Krone
crown

der Riese
giant

glücklich
happy

der König
king

die Königin
queen

der Elf
elf

groß
big

klein
small

55

Auf der Reise
Travel

reisen
to travel

das Kreuzfahrtschiff
cruise ship

der Pilot
pilot

der Flughafen
airport

landen
to land

der Schlepper
tugboat

der Koffer
suitcase

das Boot
boat

der Zoll
customs

der Verkehr
traffic

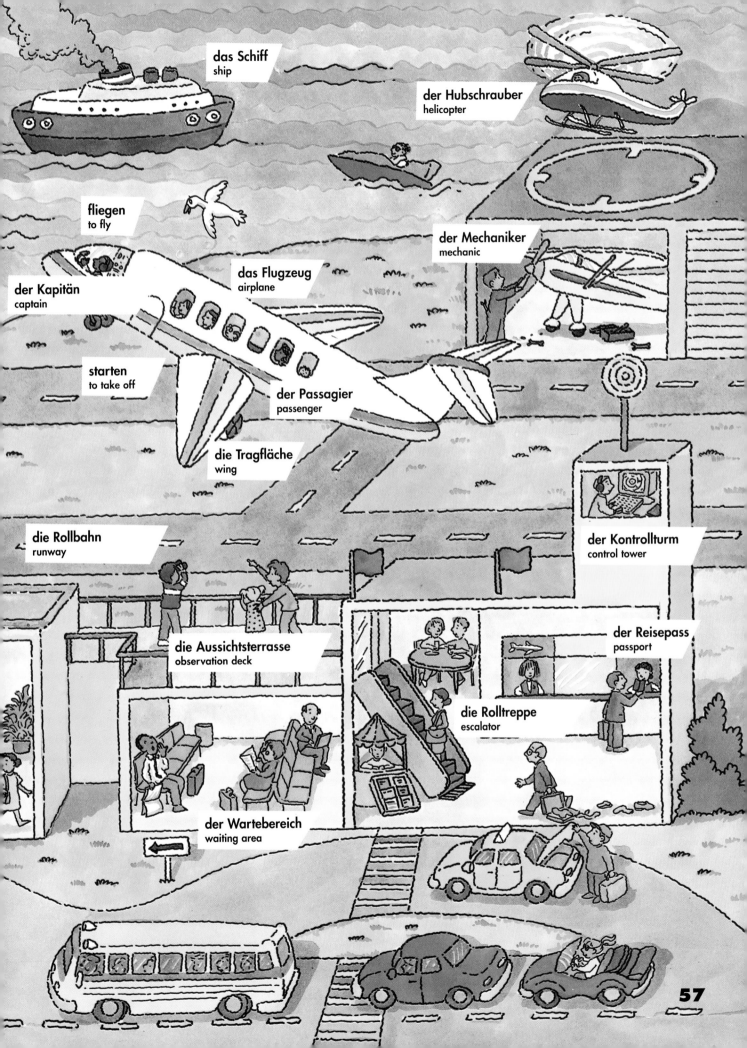

das Schiff
ship

der Hubschrauber
helicopter

fliegen
to fly

der Mechaniker
mechanic

der Kapitän
captain

das Flugzeug
airplane

starten
to take off

der Passagier
passenger

die Tragfläche
wing

der Kontrollturm
control tower

die Rollbahn
runway

der Reisepass
passport

die Aussichtsterrasse
observation deck

die Rolltreppe
escalator

der Wartebereich
waiting area

57

Noch mehr Wörter
More Words

Wörter zum Beschreiben
Words to describe

beschäftigt	busy
breit	wide
dick	thick
dünn	thin
einfach	easy
eng	narrow
gelangweilt	bored
gerade	straight
groß	tall
hart	hard
kariert	plaid
klein	little
kurz	short
magenta	magenta
müde	tired
ruhig	quiet
schwierig	difficult
traurig	sad
warm	warm
zornig	angry

Substantive
Nouns

Alphabet (das)	alphabet
Antwort (die)	answer
Batterie (die)	battery
Briefmarke (die)	stamp
Cowboy (der)	cowboy
Decke (die)	ceiling
Dreieck (das)	triangle
Ende (das)	end
Erdnuss (die)	peanut
Esszimmer (das)	dining room
Farbe (die)	color

Frage (die)	question
Frühling (der)	spring
Frühstück (das)	breakfast
Geige (die)	violin
Geschichte (die)	story
Gitarre (die)	guitar
Heftklammern (die)	staples
Held (der)	hero
Herbst (der)	autumn
Hitze (die)	heat
Hocker (der)	stool
Kapitel (das)	chapter
Kaugummi (der)	gum
Kleidung (die)	clothes
Knochen (der)	bone
Kreis (der)	circle
Mittagessen (das)	lunch
Name (der)	name
Note (die)	grade
Oberseite (die)	top
Reißverschluss (der)	zipper
Schachtel (die)	box
Schokoriegel (der)	candy bar
Sommer (der)	summer
Tee (der)	tea
Test (der)	test
Ton (der)	clay
Überraschung (die)	surprise
Umschlag (der)	envelope
Unterteil (das)	bottom
Unterwäsche (die)	underwear
Urlaub (der)	vacation
Versprechen (das)	promise
Winter (der)	winter

Verben
Verbs

aufwachen	to wake up
bauen	to build
berühren	to touch
binden	to tie
drücken	to push
gehen	to go
haben	to have
hören	to hear
können	can
küssen	to kiss
leben	to live
lernen	to study
lieben	to love
machen	to make
mögen	to like
nähen	to sew
nehmen	to take
pfeifen	to whistle
raten	to guess
schließen	to close
sehen	to see
tragen	to wear
träumen	to dream
tun	to do
weinen	to cry
winken	to wave
wollen	to want
zeichnen	to draw
ziehen	to pull
zuhören	to listen

Die Zahlen	Numbers
null	zero
eins	one
zwei	two
drei	three
vier	four
fünf	five
sechs	six
sieben	seven
acht	eight
neun	nine
zehn	ten
elf	eleven
zwölf	twelve
dreizehn	thirteen
vierzehn	fourteen
fünfzehn	fifteen
sechzehn	sixteen
siebzehn	seventeen
achtzehn	eighteen
neunzehn	nineteen
zwanzig	twenty
dreißig	thirty
vierzig	forty
fünfzig	fifty
sechzig	sixty
siebzig	seventy
achtzig	eighty
neunzig	ninety
einhundert	one hundred
zweihundert	two hundred
dreihundert	three hundred
vierhundert	four hundred
fünfhundert	five hundred
sechshundert	six hundred
siebenhundert	seven hundred
achthundert	eight hundred
neunhundert	nine hundred
eintausend	one thousand
eine Million	one million

Die Ordnungszahlen
Ordinal numbers

erster, erste, erstes	first
zweiter, zweite, zweites	second
dritter, dritte, drittes	third
vierter, vierte, viertes	fourth
fünfter, fünfte, fünftes	fifth
sechster, sechste, sechstes	sixth
siebter, siebte, siebtes	seventh
achter, achte, achtes	eighth
neunter, neunte, neuntes	ninth
zehnter, zehnte, zehntes	tenth

Die Tage	Days
Sonntag	Sunday
Montag	Monday
Dienstag	Tuesday
Mittwoch	Wednesday
Donnerstag	Thursday
Freitag	Friday
Samstag	Saturday

Die Monate	Months
Januar	January
Februar	February
März	March
April	April
Mai	May
Juni	June
Juli	July
August	August
September	September
Oktober	October
November	November
Dezember	December

Zeitangaben	Elements of time
Sekunde (die)	second
Minute (die)	minute
Stunde (die)	hour
Tag (der)	day
Woche (die)	week

Monat (der)	month
Jahr (das)	year
gestern	yesterday
heute	today
morgen	tomorrow
früh	early
spät	late

Nützliche Wörter	Useful words
aber	but
an, bei, zu	at
auf	on
außen	out
er	he
es	it
Frau	Mrs.
Fräulein / Frau	Ms.
Herr	Mr.
ich	I
ihr/e	her
ihr/e	their
ihrer/e/es	hers
ihrer/e/es	theirs
in	in
ja	yes
mein/e	my
meiner/e/es	mine
mit	with
nein	no
sein/e	his
seiner/e/es	his
seiner/e/es	its
sie	she
sie	they
über	over
und	and
unser/e	our
unserer/e/es	ours
unter	under
vielleicht	maybe
von	of
wir	we
zu	to
zwischen	between

Index

Kleiderbügel (der), clothes hanger, 11
klein, small, 55
Kleingeld (das), change, 18
Kleinstadt (die), town, 40
klettern, to climb, 26
Knie (das), knee, 33
Knoblauch (der), garlic, 20
Knöchel (der), ankle, 33
kochen, to boil, 7
kochen, to cook, 7
Koffer (der), suitcase, 56
Kohl (der), cabbage, 20
Kommode (die), dresser, 10
König (der), king, 55
Königin (die), queen, 55
Kontrollturm (der), control tower, 57
Konzert (das), concert, 31
Kopf (der), head, 33
Kopfhörer (die), headphones, 8
Kopfsalat (der), lettuce, 20
Koralle (die), coral, 52
Korb (der), basket, 50
Kräcker (der), cracker, 22
Krake (die), octopus, 53
krank sein, to be sick, 33
Krankenhaus (das), hospital, 32
Krankenpfleger (der), nurse (male), 33
Krankenschwester (die), nurse (female), 32
kratzen, to scratch, 26
Krawatte (die), tie, 19
Krebs (der), crab, 53
Kreide (die), chalk, 25
Kreuzfahrtschiff (das), cruise ship, 56
Krokodil (das), crocodile, 26
Krone (die), crown, 55
Küche (die), kitchen, 6
Kuchen (der), cake, 17
Kuh (die), cow, 44
Kühlbox (die), cooler, 36
Kühlschrank (der), refrigerator, 7
Kunde (der), Kundin (die), customer, 19
Kunst (die), art, 35

L

lächeln, to smile, 4
Lächeln (das), smile, 17
Laden (der), store, 38
Lagerfeuer (das), campfire, 47
Lamm (das), lamb, 44
Lampe (die), lamp, 9
Land (das), countryside, 42
landen, to land, 56
Landkarte (die), map, 46
Lastwagen (der), truck, 38
laufen, to run, 50
laut, loud, 39
Lautsprecher (die), loudspeakers, 31
Lebensmittelladen (der), grocery store, 40
Lehrer (der), Lehrerin (die), teacher, 24
leicht, light, 26
Leiter (die), ladder, 39
Leopard (der), leopard, 27
lesen, to read, 24
Leuchtturm (der), lighthouse, 36
Lexikon (das), dictionary, 24
Licht (das), light, 10
Lichtschalter (der), light switch, 11
Liebestunnel (der), tunnel of love, 43
Lieferwagen (der), van, 38
lila, purple, 35
Limonade (die), lemonade, 28
Lineal (das), ruler, 15
links, left, 18
Loch (das), hole, 14
Löffel (der), spoon, 16
Löwe (der), lion, 27
Löwin (die), lioness, 27

M

Mädchen (das), girl, 5
Magen (der), stomach, 33
Mais (der), corn, 45
malen, to paint, 40
Maler (der), Malerin (die), painter, 40
Mama (die), mom, 4
Mann (der), man, 5
Mannschaft (die), team, 51
Mantel (der), coat, 49
Märchenwald (der), enchanted forest, 54
Mathematik (die), math, 25
Maus (die), mouse, 45
Mechaniker (der), Mechanikerin (die), mechanic, 57
Medikament (das), medicine, 32
Medizinschrank (der), medicine cabinet, 12
Mehl (das), flour, 6
Messbecher (der), measuring cup, 6
Messer (das), knife, 16
Mikrofon (das), microphone, 31
Mikrowellenherd (der), microwave oven, 6
Milch (die), milk, 6
Mond (der), moon, 34
Monster (das), monster, 30
Motorrad (das), motorcycle, 41
Motorroller (der), scooter, 39
Möwe (die), seagull, 37
multiplizieren, to multiply, 25
Mumie (die), mummy, 35
Mund (der), mouth, 33
Münzfernsprecher (der), payphone, 39
Muschel (die), seashell, 36
Muschel (die), clam, 52
Museum (das), museum, 34
Musik (die), music, 10
Musikgruppe (die), band, 41
Müsli (das), cereal, 21
Mutter (die), mom, 4
Mütze (die), cap, 46

N

Nachspeise (die), dessert, 23
Nagel (der), nail, 15
Nase (die), nose, 33
Nashorn (das), rhinoceros, 27
nass, wet, 13
Nest (das), nest, 46
Netz (das), net, 37
niedrig, low, 31
niesen, to sneeze, 28
Nilpferd (das), hippopotamus, 26
Nuss (die), nut, 28

O

Obst (das), fruit, 20
Ofen (der), oven, 6
offen, open, 52
öffnen, to open, 17
Ohr (das), ear, 33
Onkel (der), uncle, 4
orange, orange, 35
Orange (die), orange, 20
Orangensaft (der), orange juice, 7
Ozean (der), ocean, 52

P

Palme (die), palmtree, 37
Papa (der), dad, 4
Parfüm (das), perfume, 12
Park (der), park, 28
Parkbank (die), bench, 41
Passagier (der), passenger, 57
Pfad (der), trail, 47
Pfeffer (der), pepper, 23
Pfeil (der), arrow, 31
Pferd (das), horse, 44
Pflanze (die), plant, 9
Pflaume (die), plum, 20
Picknick (das), picnic, 28
Picknickkorb (der), picnic basket, 28
Picknicktisch (der), picnic table, 28
Pilot (der), Pilotin (die), pilot, 56
Pinsel (der), paintbrush, 40
Pizza (die), pizza, 23
Polizist (der), Polizistin (die), police officer, 39
Postamt (das), post office, 41
Poster (das), poster, 10
Preis (der), price, 18
Prinz (der), prince, 54
Prinzessin (die), princess, 54
Puck (der), puck, 49
Pullover (der), sweater, 48
Puppe (die), doll, 10
Puppe (die), puppet, 31
Pyramide (die), pyramid, 35

Q

Qualle (die), jelly fish, 52

R

Rad (das), wheel, 14
Radiergummi (der), eraser, 25
Radio (das), radio, 10
Rakete (die), rocket, 34
Rasierapparat (der), electric razor, 12
Rathaus (das), town hall, 41
Rauch (der), smoke, 47

Rechen (der), rake, 14
rechts, right, 18
Regal (das), shelf, 21
Regen (der), rain, 42
Regenbogen (der), rainbow, 43
Regenmantel (der), raincoat, 42
Regenschirm (der), umbrella, 42
regnen, to rain, 42
Reh (das), deer, 46
Reis (der), rice, 21
Reise (die), trip, 56
reisen, to travel, 56
Reisepass (der), passport, 57
Reißverschluss zuziehen (den), to zip up, 18
reiten, to ride, 44
reparieren, to repair, 14
Restaurant (das), restaurant, 22
Rettungsring (der), life preserver, 51
Rettungsschwimmer (der), Rettungsschwimmerin (die), lifeguard, 37
Rettungswagen (der), ambulance, 32
riechen, to smell, 7
Riese (der), giant, 55
Riesenrad (das), Ferris wheel, 31
Ring (der), ring, 5
Ritter (der), knight, 55
Rock (der), skirt, 18
Rollbahn (die), runway, 57
Rollerblades (die), in-line skates, 29
Rollschuhe (die), roller skates, 28
Rollstuhl (der), wheelchair, 32
Rolltreppe (die), escalator, 57
Röntgenbild (das), x-ray, 33
rosa, pink, 35
rot, red, 35
Rücken (der), back, 33
Rucksack (der), backpack, 25
Rutsche (die), slide, 29

S

Säge (die), saw, 15
Salat (der), salad, 22
Salz (das), salt, 23
Sand (der), sand, 37
Sandale (die), sandal, 36

Sandburg (die), sand castle, 37
Sandkasten (der), sandbox, 29
Sandwich (das), sandwich, 28
Sänger (der), Sängerin (die), singer, 31
Sattel (der), saddle, 44
sauber, clean, 12
Schaf (das), sheep, 44
Schäfer (der), shepherd, 44
Schal (der), scarf, 49
Schatz (der), treasure, 53
Schaufel (die), shovel, 48
Schaukel (die), swing, 29
schaukeln, to swing, 29
Schenkel (der), thigh, 33
Schere (die), scissors, 40
Scheune (die), barn, 45
schießen, to kick, 50
Schiff (das), ship, 57
Schild (der), shield, 55
Schildkröte (die), turtle, 52
Schimpanse (der), chimpanzee, 26
Schlafanzug (der), pajamas, 10
schlafen, to sleep, 11
Schlafsack (der), sleeping bag, 47
Schlafzimmer (das), bedroom, 10
schlagen, to hit, 51
Schlange (die), line, 31
Schlange (die), snake, 47
Schlauch (der), hose, 45
Schleife (die), bow, 17
Schlepper (der), tugboat, 56
Schlitten (der), sled, 49
Schlittschuh laufen, to ice skate, 49
Schlittschuhe (die), ice skates, 49
Schloss (das), castle, 55
Schloss (das), lock, 14
Schlüssel (der), key, 14
Schmetterling (der), butterfly, 43
schmutzig, dirty, 13
Schnee (der), snow, 48
Schneeball (der), snowball, 49
Schneemann (der), snowman, 48
schneiden, to cut, 23
Schnorchel (der), snorkel, 36

Schokolade (die), chocolate, 41
Schrank (der), closet, 11
Schrank (der), cupboard, 6
Schraube (die), screw, 14
Schraubenschlüssel (der), wrench, 15
Schraubenzieher (der), screwdriver, 15
Schreibtisch (der), desk, 10
schreien, to shout, 49
Schublade (die), drawer, 11
Schuh (der), shoe, 18
Schüler (der), Schülerin (die), student, 24
Schulter (die), shoulder, 33
Schürze (die), apron, 6
Schüssel (die), bowl, 6
Schwamm (der), sponge, 13
Schwanz (der), tail, 27
schwarz, black, 35
Schwarze Brett (das), bulletin board, 24
Schwein (das), pig, 44
schwer, heavy, 26
Schwert (das), sword, 55
Schwertfisch (der), swordfish, 53
Schwester (die), sister, 5
Schwimmbad (das), swimming pool, 51
schwimmen, to swim, 36
schwindelig, dizzy, 30
Seehund (der), seal, 52
Seepferdchen (das), seahorse, 53
Seestern (der), starfish, 52
Segelboot (das), sailboat, 37
Seife (die), soap, 12
Seifenblase (die), bubble, 13
seilhüpfen, to jump rope, 29
Sellerie (der), celery, 20
Serviette (die), napkin, 22
Sessel (der), chair, 9
Shampoo (das), shampoo, 13
Shorts (die), shorts, 19
sich die Zähne putzen, to brush your teeth, 12
sich duschen, to take a shower, 13
sich entspannen, to relax, 36
sich waschen, to wash, 12
singen, to sing, 8
Skateboard (das), skate board, 29
Skelett (das), skeleton, 34
Ski fahren, to ski, 48

Skibrille (die), goggles, 48
Skier (die), skis, 48
Skulptur (die), sculpture, 35
Snowboard (das), snowboard, 49
Socke (die), sock, 11
Sohn (der), son, 4
Sommersport (der), summer sports, 50
Sonderangebot (das), bargain, 19
Sonne (die), sun, 37
Sonnenbrille (die), sunglasses, 36
Sonnencreme (die), suntan lotion, 36
sonnig, sunny, 53
Spaghetti (die), spaghetti, 22
Speisekarte (die), menu, 23
Spiegel (der), mirror, 12
Spiel (das), game, 16
spielen, to play, 36
spielen, to play (music), 8
Spielplatz (der), playground, 29
Spielzeug (das), toys, 11
sprechen, to talk, 39
spritzen, to splash, 36
Sprungbrett (das), diving board, 51
Stachelschwein (das), porcupine, 46
Stadt (die), city, 38
Stall (der), stable, 44
stark, strong, 26
starten, to take off, 57
Staubsauger (der), vacuum, 15
Steckdose (die), electric socket, 15
stehen, to stand, 39
stellen, to put, 23
Stern (der), star, 34
Stiefel (die), boots, 48
Stier (der), bull, 44
Stift (der), pen, 24
Stinktier (das), skunk, 47
Stofftier (das), stuffed animal, 10
stolpern, to trip, 22
Strand (der), beach, 36
Straße (die), street, 39
Strauch (der), bush, 28
Strauß (der), ostrich, 27
Streichhölzer (die), matches, 47
Streifen (die), stripes, 35

63